大地震発生 その時どうする？

サバイバルブック

国崎信江（危機管理アドバイザー）著

日本経済新聞出版社

まえがき

　私たちが生きる21世紀は、災害の世紀といわれ、世界各地で大地震・風水害などの自然災害が発生し、大規模な被害をもたらしています。日本も地震活動が活発な活動期に入っています。もともと「揺れている」と感じる有感地震が年間に1000回近くも発生している地震区ですが、阪神淡路大震災をしのぐ規模の大地震が各地で起こる可能性も指摘されています。私たちや子どもたちが一生のうちで、大地震の被害に遭う可能性はかなり高いのです。

　大地震の発生が近いと言われても、備えにあとどれほど時間が残されているのかは誰にもわかりません。防災対策は面倒だと思っている方もいるかもしれませんが、これはまさに命を左右することであり、近い将来直面する地震リスクへの心構えや対応策について、これまでの生き方を問われることになるのです。無関心でいたり、根拠のない安心感をもつことなく、地震に対して正しい恐れをもつことが大切です。

　しかしだからといって、防災を身構えて考える必要はありません。地震に対する準備は、実は毎日のくらしのなかにあるのです。本書では、生活の知恵、つまり生活術で生き残る方法を紹介します。今の生活を大きく変えることなく、ちょっとした備えや工夫をすることで、被害軽減につなげることができます。豊かな生活を継続するための「虎の巻」として枕元・リビング・かばんの中など身近においてご活用ください。

危機管理アドバイザー　国崎　信江

CONTENTS

第1章　地震が起きたら　　7

グラッときたら？ ････････････････････････ 8
　基本行動
　　1. 安全なところに移動して体を守る姿勢をとる
　　2. 目や気道を傷つけないよう、揺れの最中・直後は目を閉じ大声を出さない
　　3. 火元の確認、出口の確保は揺れがおさまってから

閉じ込めに遭いやすい場所ではどうする？ ･･･････ 10
　トイレ
　浴室
　エレベーター

自宅で最もあぶない場所は？ ･･････････････ 13
　キッチン
　大きなたんすのある寝室

家財はどうなる？ ････････････････････････ 15
　ガラス片が上から横から下から襲う
　やっかいな家具・雑貨たち

デパートやスーパーマーケットにいたら ････････ 17
行き帰りで車に乗っていたら、路上では、電車では ････ 18
子どもをどう守る、学校にいる子どもは ･･･････ 19
　■コラム──自宅で緊急地震速報を受けたら ････ 20

第2章　揺れがおさまったら　　21

基本行動チャート ･･････････････････････ 22
基本行動 ････････････････････････････ 24
　津波、土砂災害の危険があるなら
　火災が発生したら
　足元の確認

室内の被害確認
　　家族の被害を確認
　　家族の安否確認
　　■コラム――怖いのは"火"よりも"煙"・・・・・・・・27
　　今後の生活のために
　　■コラム――災害時に活躍する自動販売機・・・・・・・29
　　ラジオで情報入手
　　■コラム――安否情報 ・・・・・・・・・・・・・・・・30
　　自分が被害にあったら
避難する前にすべきこと・・・・・・・・・・・・・・・・・・32
高齢者の世帯では・・・・・・・・・・・・・・・・・・・・34
ペットはどうする？・・・・・・・・・・・・・・・・・・・35
応急手当のコツは・・・・・・・・・・・・・・・・・・・36
　　止血法
　　すり傷・切り傷を負ったとき
　　救急キット

第3章　地震に備える　　39

家族との連絡方法・・・・・・・・・・・・・・・・・・・・40
　　通信手段
　　　1. 災害用伝言ダイヤル「171」と災害用ブロードバンド伝言板
　　　2. 携帯電話の災害用掲示板
　　　3. 自宅に貼り紙をする
　　　4. 遠隔地の親せきなどに伝言を依頼
　　■コラム――停電に強い"黒電話"・・・・・・・・・・44
　　待ち合わせ場所の決め方
　　どこの避難所に行く？
　　震災疎開を考えておく

CONTENTS

地震保険 ････････････････････････････ 48
- 一般の地震保険の限界
- 新しいタイプの地震保険
- 賃貸住宅・マンション居住者・住宅ローン返済者の地震保険
- 生命保険と自動車保険

家屋を補強し、大きな家具を固定しよう ･･････････ 53
- 玄関から逃げられるように
- 家屋の診断、補強工事への公的補助
- 良い家具選びのチェックポイント
- 家具を固定する際のチェックポイント
- 家具を配置する際のチェックポイント

持ち出し品のつくりかた ････････････････････ 60
- 携帯電話も防災用品！
- 持ち出し品はセットで買わない
- リスク分散でいろいろなところに置いておく
- 水の備蓄アイデア
- 心を癒すものも忘れずに
- アウトドアグッズも防災用品になる
- 100円ショップでそろえる
- 家財リスト

付録　　　　　　　　　　　　　　　　　　68

非常持ち出し品リスト ････････････････････ 68
家族の防災メモ ････････････････････････ 70
家財リスト ･･････････････････････････ 72
ユニークな防災用品 ･･････････････････････ 73
防災関係機関・施設 ･･････････････････････ 77

グラッときたら？

基本行動

1．安全なところに移動して体を守る姿勢をとる

　倒れる・落ちる・滑り出る・割れて飛び散るといった、危険なものからいち早く離れるとともに、閉じ込められないように、物の少ない比較的安全な場所で体を守る姿勢をとりましょう。

※高層階にいる場合にはすぐに窓から離れ、固定されている丈夫なものにつかまり、揺れで体が飛ばされないようにしましょう。

2．目や気道を傷つけないよう、揺れの最中・直後は目を閉じ大声を出さない

　揺れの初期に、地震かどうかを確認するために照明を見るのはやめましょう。激しい揺れで照明器具や電球の破片が飛び散る前に、目を保護できる状況にしておきます。

建物に亀裂が入ることで建材がホコリやチリとなって舞い落ちます。これを大量に吸うと激しく咳き込み、窒息する恐れもあります。ホコリがおさまるまで鼻と口を保護し、むやみに大声を出さないようにしましょう。

3．火元の確認、出口の確保は揺れがおさまってから

緊急地震速報を受信し揺れの到達までに猶予がある場合や、目の前に使用している火元のスイッチや避難用のドアがある場合を除き、身の安全を優先した行動をとりましょう。

ガスを使用している場合、自動遮断装置のマイコンメーターにより、大きな揺れを感知すると、ガスが自動的に止まるように設計されています。無理に火を消そうとするより、身の安全を優先しましょう。

閉じ込めに遭いやすい場所ではどうする？

　トイレや浴室は、家の中では比較的安全な場所といわれています。確かに大きな家具がないので、下敷きになる心配はありません。しかし、もっとも閉じ込められやすい場所であることを忘れてはいけません。

トイレ

　トイレはたいてい出口がひとつです。閉じ込められないように揺れを感じたらすぐにドアを開け、物を挟みます。日頃からドアストッパーやスリッパなどすぐに挟めるものを備えておきましょう。

　後ろにタンクがあるトイレは、本体やタンクのふたがずれて、落ちる恐れがあるので注意しましょう。

　一人暮らしの場合には、普段からトイレのドアを少しだけ開け、完全に閉まらないようにドアストッパーを挟んで使用すると安心です。また、廊下に置いた家具が倒れ、ドアが開かなくなることがないように、トイレ付近には物を置かないようにしましょう。

ストッパー

浴室

　激しい揺れから体を守るため、まず浴槽や握りバーにつかまります。浴室の壁タイル・窓ガラス・鏡が割れ落ちてケガをしないよう、浴槽のフタ（なければ洗面器など）で頭と体を保護します。断水したときのために洗面器にお湯を溜める、水の入ったペットボトルを用意しておくなど非常用水を常備しましょう。浴室の窓ガラスと鏡には飛散防止フィルムを貼り、万一閉じ込められたときを想定して、浴室内のドアを壊す工具を防水袋に入れて設置しておきましょう。入浴中に大地震があり、裸であったため、救助を呼ぶことができないといった事例もありました。大きめのタオルを浴室に持ちこむといった備えが大切です。浴室ではシャンプーやボディソープ、洗面所では洗剤・化粧品の破損散乱による液だれで床が滑りやすくなっているため、避難のときに慌てて転ばないよう注意しましょう。

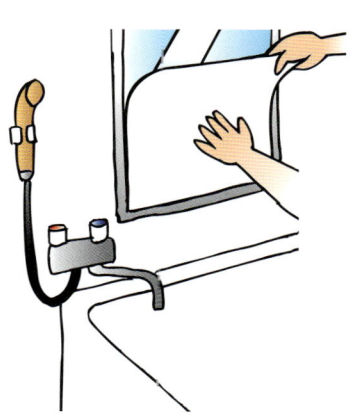

エレベーター

　揺れを感じたら行き先方向の<u>すべての階のボタンを押し、ドアが開いた階で降ります。</u>地震発生直後にエレベーターが動いていても、<u>避難には必ず階段を利用しましょう。</u>余震や火災、停電、故障などの諸因により、いつ何時緊急停止するかわからないので使用してはいけません。

　エレベーターに閉じ込められたらドアを無理にこじ開けようとせず、室内にあるインターホンで通報し救助を待ちます。救助されるまでの長い時間、あるいは数日間を乗り切るには居合わせた人たちの助け合いが欠かせません。リーダーを決め自己紹介をしあうなど連帯感をもつことが重要です。体力の消耗を軽減するために順番を決めて座る、カバンの中にある食料やトイレの代わりになるものを出し合うなど、互いに知恵を出し合い、励まし合いながら苦難を乗り切りましょう。

※31メートルを超える高層マンションには「非常用エレベーター」があります。これははしご車のはしごが届かないため、消防士による消火や救助のために設置されています。居住者が避難に使用して消火救助活動の妨げにならないようにしましょう。

自宅で最もあぶない場所は？

キッチン

　キッチンはコンロからの火災やガス漏れの危険に加え、冷蔵庫・オーブンレンジ・食器洗い乾燥機など重くて大きな家電製品があり、電気ポット・炊飯ジャーなどの熱を発するものがあります。さらに食器棚にはガラスや陶器などの壊れやすいものや包丁などの刃物があり、鍋やフライパンといった硬くて重い調理器具、調味料や油などこぼれて滑りやすいがものが置かれています。狭い空間の中にこれほどの危険が詰まっている部屋はそうありません。

　火を使用している時に揺れを感知したら素早く消火します。ただし、直下型地震のように突然の激しい揺れに襲われた場合には、コンロ上にある熱いものが体にかかりやけどする危険が高いので、止めることよりキッチンから離れることを優先しましょう。素早く避難するには、逃げ道が塞がれないように冷蔵庫の配置や家具・家電製品の固定にあらかじめ配慮しておきます。また、普段から刃物や調味料については、使い終わったあとにすぐ片づけることを習慣にしましょう。

大きなたんすのある寝室

　地震を感じたらベッドなら直ちに降りてベッド脇に、敷布団なら枕や布団で頭と体を守ります。

　就寝中の無防備な状態で地震の揺れに見舞われた際に、目の前に迫る危険から身を守るのは非常に困難です。まして真っ暗な状況では迫りくる危険が見えず、対処できません。日頃から安心して寝られるよう、安全な環境をつくることは言うまでもありません。

　寝室に家具を一切置かないのが理想ですが、それが難しいならせめて家具が体を直撃する配置は避けましょう。家具と寝床を並列させ、しかも出入り口を塞がない配置にします。家具は重ねない、上に重いものをのせない、枕元の上に額縁を飾らないなど細かいところまで配慮しましょう。メガネ・くつ（スリッパ）・懐中電灯・着替えなど、すぐに必要になるものは揺れで飛ばされないよう、壁などの固定されている物にくくりつけておけば安心です。

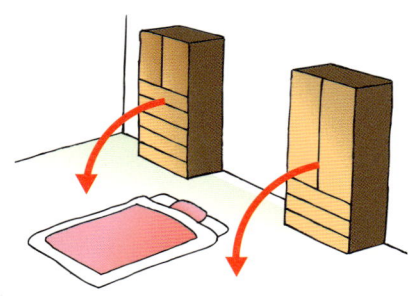

家財はどうなる？

ガラス片が上から横から下から襲う

　家のなかにガラス製品はいくつありますか？　照明器具、テーブル、額縁、写真立て、花瓶、食器、キャビネットの扉、棚板などガラス製品は普段は美しい形をしていますが、災害時に破損し飛散すると鋭利な凶器になります。割れた電球や窓ガラスが襲ってきます。ガラスのコップを割って飛散した破片を完全に取り除くために苦労をされた経験があれば、割れて床一面に飛び散ったガラスの恐ろしさがイメージできるのではないでしょうか。破片は落ちて留まるのではなく、揺れで床を滑り、跳ねてくることも念頭に置いておく必要があります。ガラスの破片は負傷する危険に加え、逃げる時間を奪うやっかいなものです。室内になるべくガラス製品を置かない、既にあるものには飛散防止フィルムを貼るなどの対策をしましょう。

※室内で蛍光ランプを使用している場合には、ガラス管が割れるだけでなく微量の水銀を含むガスが放出されます。蛍光ランプの専用フィルムを貼る・カバーを取り付けるなどの対策をしましょう。

1　地震が起きたら

やっかいな家具・雑貨たち

　大きな家具を固定しても、小さい家具やデザインを重視した不安定な家具、こまごました雑貨などは防災対策から見逃されがちです。これらは直接命を奪う危険は少なくても、災害時には非常にやっかいな存在なのです。固定されていないものは床に投げ出されます。破損し飛び散るものもあるでしょう。床に散らばった物が何層にも重なると足場が見えず、無理に歩こうとすれば尖ったものを踏む危険があります。子どもを抱きかかえて足を取られて転んでは危険です。懐中電灯や消火器など非常時すぐに必要になるものが埋もれて探せず、事態をさらに悪化させることもあります。時々移動させる家具についても耐震ジェルマットなど市販品をうまく利用して固定したり、こまごましたものは扉つきのキャビネットにまとめて置くことを心がけましょう。雑貨などを購入する際にはできるだけ軽く・割れにくい・踏んでも怪我をしない紙製、布製、革製など安全な素材を選ぶようにしましょう。

デパートや スーパーマーケットにいたら

　陳列棚・ワゴン・天井からの吊り下げ表示板などからすぐに離れ、広い空間で身を守ります。持っているカバンやカゴ、カートで頭を守るようにします。

　人が多く集まる施設で怖いのは階段や出口に殺到する「群集なだれ」。停電時もすぐに非常照明がつくので慌てず、人の波に流されず、混雑した出口を避けて避難しましょう。陳列商品が破損し中身が漏れ出ていることもあるので酒、油、調味料、化粧品売り場などは特に注意して歩きましょう。

　売り場以外のトイレ・駐車場・試着室・屋上・エスカレーター・エレベーターなどそれぞれの場所で被災したときのイメージをもって、本書の基本行動（24ページ）を参考に、あらかじめ対応策を考えておきましょう。

行き帰りで車に乗っていたら、路上では、電車では

クルマを運転している時に大地震が起こると、パンクしたようにハンドルがとられ、道路が波を打つようにうねり、電柱や信号機が今にも折れそうにしなります。

急ブレーキ、急ハンドルを避け、ハンドルをしっかり握り左側の路肩に停止させます。カーラジオをつけ周囲の状況を確認し、避難した方がよい場合には車を駐車場や空き地に移動させてから避難します。くれぐれも交差点や消火栓のある場所に放置しないようにしましょう。日頃からシートベルトを着用し、十分な車間距離を持って走ることが被害軽減につながります。

路上を歩いていたら、道路に突然亀裂が入り、高低差ができ、マンホールが地中からせり出すこともあります。亀裂やマンホールから素早く離れ、切れた電線にあたらない安全な場所で頭を守りましょう。

電車やバスの中では、手すりやつり革につかまり、進行方向に片足を出し踏ん張って、急ブレーキに備えます。横転する事態に備えドア・連結機・戸袋から離れ車両の中央に立ちます。ラッシュ時に怖いのは大勢の体重が一方向にのしかかり潰されることです。急ブレーキがかかってからではすべてが手遅れなので、日頃からつり革・手すりにつかまるようにしましょう。

子どもをどう守る、学校にいる子どもは

　一つ屋根の下にいても、たとえ子どもの姿が見えていても手の届く場所にいないかぎり、強震時に子どもを守ることはできません。ましてや守りたい子どもの数が多ければ一層難しくなります。自分の命に代えてでも守りたいという親心だけでは守りきれないのです。普段、子どもがいる部屋はできるだけ安全にしておき、子どもの成長に合わせて地震がきたらこの場所に逃げなさいと、安全な空間を示し、安全行動を教えます。

　地震が起きたとき、単に子どもの名前を呼ぶと恐怖心を煽るので、<u>「机の下にもぐって体を守りなさい」「本棚から離れなさい」など具体的な指示を出してあげましょう。</u>子どもには、使い終わったものはすぐにしまうなど日頃から整理整頓の大切さを伝えましょう。

　学校にいる子どもの安否確認については、電話をしても回線混雑でつながりにくいので、まずは直接学校へ行きましょう。職場で被災したり、交通が遮断され直接行くことが困難な場合はあらかじめ決めてある方法で学校と連絡を取ります。保護者が負傷したり死亡した場合の引き取りについて、学校の対応を確認しておくことも大切です。子どもには、迎えにいくまで時間がかかるかもしれない、それまでは先生の指示に従うように伝えましょう。

自宅で緊急地震速報を受けたら

　地震には2種類の地震波（P波とS波）があります。緊急地震速報とは、地震が発生すると震源に近い地震計で速度の速いP波から大地震の発生を感知し、強い揺れをともなうS波が来る前に緊急情報を知らせる仕組みです。気象庁より発表された緊急地震速報をテレビ・ラジオ・防災無線・インターネット回線・専用機器を通じて受信することができます。緊急地震速報は強い揺れを伴う大地震を到達前に知らせることができるため、地震被害の軽減に有効であると考えられています。ただ緊急地震速報を発表してから強い揺れが来るまでの時間は数秒から数十秒と短く、日頃から速報を受信したあとの対応を決めておくことが重要です。

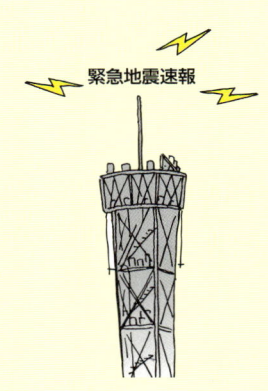

緊急地震速報

第2章

揺れがおさまったら

基本行動チャート

火災が発生したら
まずは初期消火
避難のタイミング
周りに知らせながら避難

基本行動
自分の体を守る

足元の確認
落ち着いて
周りをよく見て
足元を保護

津波・土砂災害の危険があるなら
何ももたずにすぐ逃げる

2 揺れがおさまったら

家族の被害確認
家族の負傷
閉じ込め
手当・救出など

室内の被害確認
火元確認
プラグを外す
ドアが開くか
ライフラインの被害
など

情報入手
地震の規模と広域の被害状況
建物内外の被害状況と家族の状態で避難の判断

家族の安否確認
家族が離れ離れになっているときの安否確認

基本行動

揺れが収まった後は状況によって行動の優先順位が変わります。津波や土砂災害が発生する恐れがある場合や、近隣施設に爆発や激しい火災があった場合、建物に深刻な被害が生じた場合には、一刻も早く安全な場所に避難します。自分が置かれた状況に応じて何を優先すべきか、すぐ後に大きな余震が来ることも想定し、行動を考えてみましょう。

津波、土砂災害の危険があるなら

何も持たずに振り向かず、全速力で安全な場所に避難します。津波なら頑丈な建物の3階以上の高さに、土砂の危険が迫った時には、谷側に下るのではなく横方向に逃げます。津波や土砂災害の危険がある地域に住んでいるなら、大地震発生後にどこに避難するか、あらかじめ平常時にそのルートと場所を確認しておきましょう。

火災が発生したら

炎を発見したら大声で周囲に火事を知らせ、初期消火に努めます。炎が天井に到達したとき、または煙が

白から黄色に変化した場合は消火を諦めてすぐに逃げます。火災の初期にでる白煙が黄色に変わり、さらに黒煙に変わったら、ほとんど視界がなくなります。たとえ住み慣れた自宅でも、方向感覚を失い避難に時間がかかります。しかも煙は高温の気体なので、吸い込むと気道・肺などにやけどを負ったり、ススが肺に張りついて呼吸困難になったりします。貴重品を探して避難が遅れたり、忘れ物に気づいて引き返すことは命取りになるので絶対にしないで下さい。子どもや高齢者のいる家庭では避難に時間がかかるので早めに避難するよう心がけましょう。

足元の確認

まず、落ち着いて周りをよく見てから行動します。ガラスが割れて飛散しているなら、スリッパを履く、クッションや新聞紙などで足場をつくるなど、足元を保護してから動きましょう。

暗闇では目が暗さに慣れるまで待ちましょう。明るい場所で突然暗くなった場合には、あごを上に向け見おろすように見ることにより視力の調整が早くなります。寝るとき照明を消したあとの暗闇に目が早く慣れる練習をすることで、夜間行動の安全を図るトレーニングができます。

視線

室内の被害確認

　火元を確認し、火災が発生していたら初期消火に努めます。ドアの開閉状況、電気・ガス・水道・電話の機能状況など被害の程度を確認し、通電火災を避けるため熱電源のプラグをコンセントから外します。室内の確認をしたら外に出て、火災・建物の破損など周囲の被害状況を確認しましょう。

家族の被害を確認

　家族（ペット）が一緒なら、閉じ込めや家具の下敷きになっていないかを確認します。自分だけでは救助が困難な場合には近所に応援を呼びかけ、一刻も早く救出活動を行いましょう。負傷していたら速やかに応急手当を行い、病院へ搬送します。各都道府県で決められている医療救護所や災害拠点病院の場所を平時から確認しておきましょう。

家族の安否確認

　家族と離れている状況なら速やかに安否確認の連絡をとりましょう。まずは無事でいるかどうか、互いの状況報告と、待ち合わせ場所（自宅か避難所か）を確

認します。帰宅困難な状況で無理して帰ると思わぬ二次災害に遭う危険があります。家族の安否が確認できたら周囲の状況が落ち着くまで安全な場所で留まりましょう。

コラム 怖いのは"火"よりも"煙"

　火災で怖いのは、火よりも有毒ガスを含んでいる煙です。有毒ガスは自宅の建材、パソコン、寝具、カーテン、ソファなどの石油化学製品など、身近にあるものから発生します。濃度が高いとひと呼吸しただけで意識を失い、短時間で死に至りますが、濃度が低くても数秒〜数十秒で頭痛やけいれんを引き起こし、体が麻痺して動けなくなったり、意識を失ったりすることで死に至ります。白い煙なら息をとめて全速力で逃げられますが、黒煙の状況で走ると、有毒性の高い煙をたくさん吸い込む危険があります。床を這うように姿勢を低くして、床や階段のくぼみに残っている新鮮な空気を吸いながら避難します。このときにタオルやハンカチ、なければ洋服の袖口で口と鼻を覆いますが、濡れていると有毒ガスを薄め、熱さから顔を守ることができます。

今後の生活のために

地震直後は水が出ることもあります。蛇口をひねり水が出る場合には、その後に断水する可能性もあるので浴槽、洗面器、バケツ、洗濯槽、鍋など貴重な水の確保に努めましょう。

また忘れてならないのは受話器が外れていないかの確認です。本体から外れていると、外からかけても通話中の状態になり、つながりません。受話器の位置を確認しましょう。

災害時に活躍する自動販売機

　私たちの身近にある清涼飲料水の自販機は改良され、災害時に大きな役割を期待されるようになっています。ジャパンビレッジ社などが推進する地域社会貢献型自販機と呼ばれるもので、災害時に無料で中身の飲料水を提供するほか、自販機上部に設置されている電子掲示板で災害被害や安否情報が流れます。役所、病院、公園など人が集まる場所に設置されている場合が多く、平常時は天気予報や時事ニュース、市のお知らせ等が流れています。地域のどこに設置されているのか、あらかじめ確認しておきましょう。

ラジオで情報入手

テレビやラジオで地震の規模、被害状況などを確認し、建物内外の被害状況・家族の状態により避難する必要があるかどうかを判断します。停電でテレビがつかない場合には、電池式や手回し式ラジオ、カーラジオ、携帯電話のワンセグテレビ・ラジオなど身近にあるものを試してみましょう。

近所の人と正しい情報を共有し、行動を共にすると心強いものです。ラジオでは地域のコミュニティFMで地域に密着した情報を得られるので周波数を確認しておきましょう。

 コラム

安否情報

ニッポン放送（1242kHz）は東京都と神奈川県内の国立および私立の小・中・高校について「学校安否情報」を放送します。また、有楽町を中心とする都心・副都心に勤める人をビル単位で伝える「お勤め先安否情報」も放送します。

家族が該当する場合には、すぐにラジオをつけて情報を得ましょう。

自分が被害にあったら

　一人のときに閉じ込められたり、重い家具などに挟まれたら、ホコリが静まるまで待ちます。周りがよく見えるようになったら、ケガをしているところはないかを確認します。また、人の通る気配がしたら声を出したり、近くにあるものを叩いたりして知らせます。必ず助けが来ると希望を持ち続け、手や足先などの動かせる部位の血の巡りを良くしましょう。

　ケガをして出血していたら、流れ出る血に驚いて慌てるかもしれません。まず落ち着いて、止血しましょう。ガラス片など大きなものが刺さったときには抜かずに急いで病院に行きます。周囲が危険なら移動し、安全な場所で手当てします。自分で動けない場合には近くの人に応援を求め、運んでもらいましょう。

　一人暮らしで被害に遭ったときに怖いのは、誰にも気づいてもらえない、助けにきてくれないという事態です。近くに一人暮らしで住んでいる友人・知人がいたら、有事の際にはお互いの安否を確認しあうことを約束しておくと安心です。

避難する前にすべきこと

◎戸締まり
　避難所生活中の空き巣の侵入や、自宅の延焼を防ぐためにも、窓もドアもしっかり閉め施錠しましょう。窓が壊れていたら、板や段ボール、ビニールシートなどで応急的にふさぎます。

◎元栓を締める
　ガス漏れ・水漏れを防ぐために、ガス・洗濯機・水道の元栓を締めましょう。

◎電気のブレーカーを落とす
　電気の復旧後に起こる通電火災を防ぐために、電気のブレーカーを落とします。
　念のため、すべてのプラグをコンセントから外しましょう。

◎玄関ドアに「メモ」（例：この家の住人の安否は確認済みです）を貼り、集合住宅なら管理組合の方々に無事がひと目でわかる情報を示しましょう。

◎避難する際に火災が発生していたら、できるだけ火災が発生している部屋の窓とドアを閉めて炎・煙の拡散をくいとめます。

まずい！ドアを閉めなくちゃ！

◎貴重品を持っていく。避難するときに優先して持ち出すのは自身や家族の命ですが、切迫した事態でなければ、自分の体力を考慮して、持てるだけの貴重品を持ち出しましょう。後で取りに戻ればいいやと思っても、延焼・泥棒・余震による破損・雨などの水に浸かって使用不可能になるなど、様々な事由で失うことがあります。再発行できないもの、代用の利かないもの、二度と作れない思い出の品はできるだけ避難するときに持って行きましょう。日頃から持ち出す際の優先順位をつけ、持ち出す方法（キャリーを用意するなど）を考えておくとよいでしょう。

高齢者の世帯では

　避難時の逃げ遅れが被害につながる恐れがあります。大地震の強い力で倒れた家具を押し戻したり、移動させたり、あるいはまたいで逃げるといった行動は難しいと思われます。集合住宅では、玄関が耐震ドアでない場合、ドア枠が歪み玄関からの避難ができなくなる可能性もあります。バルコニーの仕切り板を蹴破るのも困難です。また、バルコニーに設置されている避難ばしごは、高齢者には使いづらくバランスを崩す恐れもあります。隣近所の方との付き合いを密にして、団地やマンション内、ご近所で高齢者世帯を把握してもらいましょう。また、災害時は生き埋めや閉じ込めがないか、安否確認してもらうとともに、一緒に避難してもらえるように、お願いをしておきましょう。救援を求める際に、大きな声が出ないことを想定して身近に笛やブザーも用意しておきます。

ペットはどうする？

　ペットを家族同様に可愛がっているなら、災害時にもしっかり守りたいものです。強震に見舞われて動揺するのはペットも同じです。走り回ってケガをしたり、怖くて動けなくなる場合もあります。悲しいことですが、過去の震災では家具の下敷きになってしまった猫や、鎖が外れずに家の倒壊に巻き込まれ圧死した犬もいました。ペットを飼う時には災害時を想定し、ペットが割れたガラスの上を歩いて足（肉球）を傷つけることのないようにガラスの飛散防止策や家具の固定、非常食の備えなど安全対策を施すことが重要です。

　災害時のペットの対応は自治体によって異なります。まずは一緒に避難し、避難所で相談してみましょう。過去の災害ではペットの預かりや、傷の手当てをしてくれる獣医師会や動物愛護団体の「動物救護センター」が開設されています。他人に預けることを念頭に入れ、しつけ（吠えない、噛まない、ゲージに素直に入るなど）と病気対策、そして行方不明対策として鑑札や身元のわかる首輪をしっかりつけておきましょう。

応急手当のコツは

　家族がケガや病気になった場合を想定して応急手当の講習を受けましょう。本を見ただけでは圧迫部位の正確な位置や圧迫の強さ、速さがつかめないものです。実際に体験することで手当てに自信が持てるはずです。

　最寄りの消防署や役所、日本赤十字社に問い合わせれば受講できる講習会を紹介してくれます。

　応急手当をする前に意識はあるか・呼吸しているか・心臓は動いているか・出血しているか・手足を骨折しているかなどの観察をしてください。手当てに自信がないときは周囲の人に応援を求めてください。

　切り傷を負ったとき、傷が小さくても細菌が入って化膿することもあります。消毒と傷口の保護をしっかりしましょう。やけどは深さと広さによって死亡することもあります。からだの3分の1の大きさなら危険な状態です。また、鼻毛が焦げていたら煙を吸って呼吸器がやけどしていることもあるので、急いで病院に搬送します。

　止血や骨折時の副子（そえ木）に使うもので身近なものを代用する知識をもっていると心強いものです。災害時こそ機転をきかせて対応しましょう。

止血法 直接圧迫法

- 止血の原則：他人の止血の手当てをするときは、病気に感染しないため血液に触れないように注意する。
- 出血が多かったり、傷が深いときなど止血の応急手当てをして、早く医者にみてもらう。
- 傷口に清潔な布（ハンカチやガーゼ）をあて、手で圧迫する（強く押さえる）。 
- 心臓よりも傷口を高く上げて、両方の手のひらで押さえる。 
- 物がささっていても、抜いてはいけない。ささった物が動かないように圧迫止血をして、医者にみせる。

すり傷・切り傷を負ったとき

① 傷口を水道水などの清潔な水で洗い流す。しみるときは直接水をあてないで上から流す。 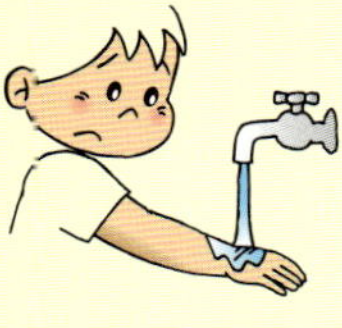
② 血が止まらないときは滅菌ガーゼ（消毒してあるガーゼ）で傷口を押さえて止血する。 
③ 無色の消毒液があれば消毒する（無色を使えばあとで医者にみせたとき、傷の様子がわかる）。
④ 傷口を滅菌ガーゼでおおい、その上からばんそうこうか包帯を巻く。

揺れがおさまったら

救急キット

●家の薬箱をしらべて、家族の常備薬も入れた救急キットを準備しましょう。

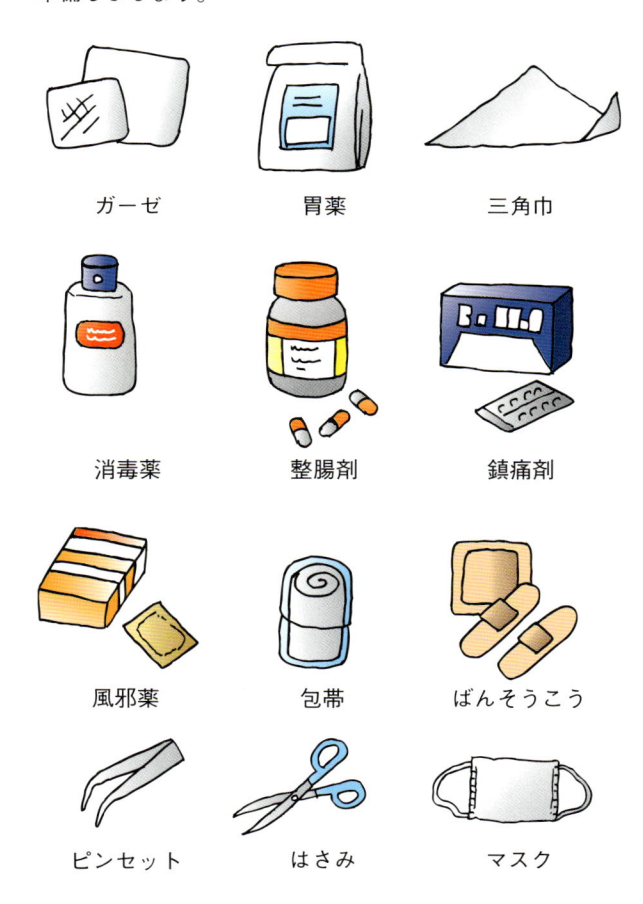

ガーゼ	胃薬	三角巾
消毒薬	整腸剤	鎮痛剤
風邪薬	包帯	ばんそうこう
ピンセット	はさみ	マスク

第3章

地震に備える

家族との連絡方法

　家族が離れている事態を想定した安否確認の連絡方法、待ち合わせ場所などについて、年に一度は家族で災害時の対応を話し合いましょう。

通信手段

　一般加入電話・携帯電話が通じない時のために、家族との連絡方法を何通りか決めておきましょう。各社とも災害用伝言板を試すことができる体験サービスを提供しています。このサービスを利用してあらかじめ使い方を把握しておきましょう。

〈災害用伝言板の体験サービス提供時期〉
◎毎月1日
◎「防災週間」（8月30日から9月5日）
◎「防災とボランティア週間」（1月15日から1月21日）
など
※提供時間は各会社で異なりますので確認してください

1. 災害用伝言ダイヤル「171」と災害用ブロードバンド伝言板

◎災害用伝言ダイヤル「171」

　災害にあった際、避難場所や安否を知らせることができる災害伝言ダイヤル。大地震が発生し、被災地への電話がつながりにくくなった場合、利用できるようになります。現在の状況や避難先を録音したり、家族の伝言を再生して聞くことができます。「171」にダイヤルするとガイダンスが流れるので安心して操作できます。一般加入電話・公衆電話・携帯電話・PHSから利用でき、30秒までの録音で48時間保存されます。ただし、大規模災害では蓄積伝言数（最大10件）が制限されることもあり、家族間の連絡が取れなくなる恐れもあります。注意しましょう。

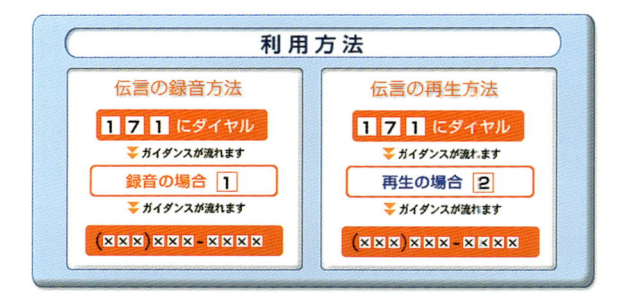

利用方法

伝言の録音方法
1 7 1 にダイヤル
▼ ガイダンスが流れます
録音の場合 [1]
▼ ガイダンスが流れます
(×××)×××-××××

伝言の再生方法
1 7 1 にダイヤル
▼ ガイダンスが流れます
再生の場合 [2]
▼ ガイダンスが流れます
(×××)×××-××××

◎災害用ブロードバンド伝言板171

　被災者がインターネットを経由して伝言板サイトにアクセスし、電話番号等をキーとして伝言（テキスト・音声・画像）の登録が可能なサービスです。伝言情報は、国内だけでなく海外からも閲覧できます。インターネットに接続できる環境であれば、事前の申し込みは必要ありません。加入電話（会社の電話番号や会社のFAX番号も利用可能）、携帯電話（090、080）・PHS（070）・IP電話（050）を含め全ての端末の電話番号で、48時間の伝言情報の保存、10伝言の登録が可能です。

2．携帯電話の災害用掲示板

　携帯電話会社が提供している「災害用伝言板」は、パケット通信を利用した安否確認システムです。現在の状態について、「無事です」「被害があります」「避難所にいます」などを選択するほか、100文字のメッセージも入力できます。メッセージの登録件数は10件で、10件を超えると古いものから順次上書きされ、最大72時間まで保存されます。日本語と英語でサービスを利用することができ、登録されたメッセージは、

Webページで確認できるほか、メールで受信することも可能です。大切なのはあらかじめ相手のメールアドレスを登録しておくことです。災害が起きてから登録するのは手間がかかるので、いますぐ相手先のメールアドレスを登録しておきましょう。

3．自宅に貼り紙をする

　自宅から離れて避難するときには、家族が自宅にたどりついたときのために、行き先と安否情報をメモにして残し、自宅に貼っておきます。このとき、自宅の不在を他人に知られると、空き巣などの被害に遭いやすくなります。留守中に侵入されないように、人の目に触れない所定の場所をあらかじめ家族で決めておきましょう。

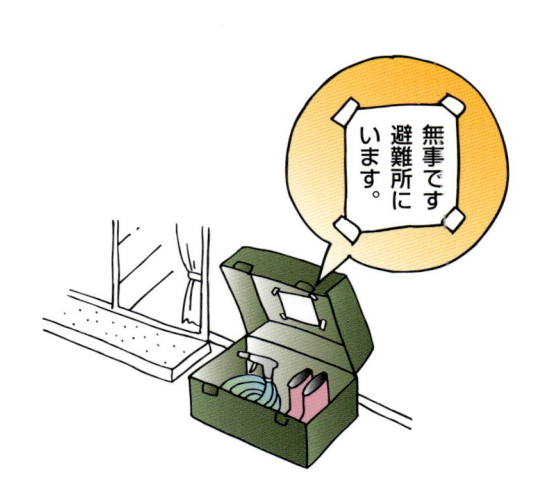

4．遠隔地の親せきなどに伝言を依頼

　被災地外から被災地への電話、被災地間どうしの電話はつながりにくく、反対に被災地から遠隔地への電話は比較的つながりやすいといわれています。いざというときには、被災地以外の親せきや友人を経由して家族間の安否情報を得られるよう、家族で誰をメッセンジャーにするかを事前に決めておきましょう。

コラム　停電に強い"黒電話"

　自宅の電話機が停電時にも使用できるか知っていますか？

　現在使用している機種が内蔵電池や通話のみが可能なタイプなど停電に対応しているか取り扱い説明書で確認してみましょう。昔懐かしい黒電話は停電時でも電話局の蓄電装置を使って電話線からの電流供給だけで通話できたので停電に強い電話でした。現在もダイヤル回線で専用コードが健在なら大いに活用しましょう。自宅に黒電話がなくても、無印良品、三洋電機、パイオニアなどが販売しているコンセントを必要としない電話機もあります。多機能の電話機は便利で良いのですが、災害時には弱いというデメリットがあります。

待ち合わせ場所の決め方

　家族が別々の場所で被災し、自宅も被害を受けることを想定して、待ち合わせ先を決めておくことは重要です。このとき「うちでは○○小学校に集まろう」では不十分です。体育館や教室に大勢の人が集まる避難所では、何時間も家族を探してさまよい、行き違いになりかねません。待ち合わせ場所のイメージをもって「○○小学校の体育館のバスケットゴールの下」といった具体的な待ち合わせ場所をいくつか決めておくようにしましょう。

　場所が決定したら自治体で発行している防災マップを参考に、安全なルートを探し、実際に歩いてみましょう。

学校にしよう！

どこの避難所に行く？

　学校はもともと寝泊りする場としては作られていないので、避難生活ではプライバシーが守られないことが多く、また集団生活のために風邪が流行しやすく、衛生面も決して良いとはいえない環境です。健常な大人でさえつらいのですから、家族に要介護者や傷病者がいる場合には、肉体的にも精神的にもさらに過酷な状況になります。そこで、家族の状況によっては市区町村指定の避難所で、おむつ交換がしやすかったり、畳の部屋がある地域コミュニティセンターへの避難について相談してみましょう。

震災疎開を考えておく

　震災が起きると、倒壊した建物からでるホコリ、ガラスのチリ、火の粉、アスベストなどが飛び散り、救援物資の車両の排気ガスで空気汚染が深刻になるなど、劣悪な環境になります。特に抵抗力が弱い乳幼児・高齢者・障がい者・傷病者については、汚染された環境に長期間さらされることによって持病を悪化させたり、喘息など一生苦しむ病気に患ってしまう危険があります。こうした家族だけでも環境が改善されるまで疎開することを選択肢に入れておきましょう。

　遠隔地の親せきや友人の家は長期間滞在しにくいの

で、自治体が他の自治体と被災者の受け入れ協定を結んでいればそのシステムを利用しましょう。まずは自治体に震災疎開のための災害協定を結んでいる地域がどこにあるのか、いつ頃、どういう条件で提供されるのか情報を入手しましょう。

　全国商店街震災対策連絡協議会では、震災疎開パッケージを展開しています。「震災で被災した場合に、受け入れ先として商店街が提携する全国の田舎や温泉地を一定期間「お客様」として迎えるシステムです。年会費5,000円（小学生以下3,000円）を払えば、被災時には、疎開先の滞在費と疎開費用が提供されます。1年間、震災に遭わなければ、次年度更新の際、希望する全国の名産品が送られてきます。実際の疎開先を確認できる「疎開先視察ツアー」もあり、地元の方々と交流を図ることもできるので安心です。
（インターネットから申し込みができます
　http://www.shoutengai-sinsai.com/SN/index.html）

地震保険

一般の地震保険の限界

　火災保険だけでは地震が原因の被害（建物の倒壊・火災・津波・噴火）は補償されません。地震保険は単独では契約できず、火災保険にセットする形で契約します。火災保険の契約期間の中途でも地震保険の契約はできますが、地震保険だけの加入はできません。

　地震保険は、建物と家財のそれぞれで契約します。契約金額は、火災保険の契約金額の30％～50％の範囲内で建物5,000万円、家財1,000万円が契約の限度額になります。

　注意したいのは生命保険なら契約した「入院したら」「死亡したら」という補償金額がそのまま支払われますが、損害保険金は契約金額がたとえ2,000万円だとしても、鑑定人が判断した損害額が800万なら、その額しか支払われません。

　保険料は、建物の構造と所在地、保険金額により異なります。（2007年10月保険料改定）日本損害保険協会のホームページでは保険料の試算ができます。
(http://www.sonpo.or.jp/useful/insurance/jishin/calc.html)

　建物の免震・耐震性能に応じた割引制度もあります。

1. 免震建築物割引　　割引率30％
2. 耐震等級割引　　　割引率（耐震等級3：30％
　　　　　　　　　　　　　　耐震等級2：20％
　　　　　　　　　　　　　　耐震等級1：10％）
3. 耐震診断割引　　　割引率10％
4. 建築年割引　　　　割引率10％
※1～4の割引は重複して適用を受けることはできません。

　さらに地震保険料控除制度（2007年1月創設）があります。
　国税は2007年（平成19年）分以後の所得税、地方税は2008年度（平成20年度）分以後の個人住民税について適用されることになりました。

新しいタイプの地震保険

　損害保険会社が販売している地震保険は政府管掌ですから各社共通ですが、最近、地震保険に更に補償を上乗せする商品が登場してきました。損保ジャパン「地震火災費用50プラン」や東京海上日動火災保険「超保険」の「地震危険等上乗せ担保特約」などがその一例です。地震保険との組み合わせにより、最大100％補償が可能になりました。例えば、東京海上日動火災保険では、保険金額2,000万円の火災保険に加入したら、地震保険からは最大1,000万円しか保険金の支払いがありませんが、この特約をつけることで、合計2,000万円まで補償されます。

　「Resta（リスタ）」(http://www.jishin.co.jp/index.html) は住宅や家財の損害を填補（てんぽ）するのではなく、被災後の生活再建費用を補償する保険で、地震保険に上乗せできる保険料の安さが魅力です。被災した住居の建替え・補修費用・家族の緊急避難費用・引越し費用・生活必需品購入費用・ホテル代・仮住まい家賃など、被災生活で積み重なる大きな経済的負担をカバーします。

賃貸住宅・マンション居住者・住宅ローン返済者の地震保険

　賃貸住宅でも「家財」に対して地震保険を契約することができます。地震で受けた家財の損害を補償するものです。マンションに入っている人向けには「団地保険」というものがあります。補償は「住宅総合保険」から水漏れを外した内容になっています。「住宅総合保険」とは「住宅火災保険」でカバーされる火災・落雷・風災・雹（ひょう）災、雪災の他に、自動車の衝突などの事故や盗難までの広い範囲を補償します。フラット35（長期固定金利の住宅ローン）の融資を利用している場合、特約火災保険に加入することになっています。補償は住宅総合保険と同じですが、保障期間が融資の返済期間と同じなので完済した後は補償がなくなり、新たに保険に加入する必要があります。

生命保険と自動車保険

　生命保険に加入している場合、死亡保険金や手術・入院給付金が災害時にも支払われるかを確認しておきましょう。保険金を受け取れない事由として「戦争その他の変乱によるもの」「地震・噴火または津波によるとき」となっている場合は支払われません。天災による補償を希望するなら天災危険担保特約をつけましょう。災害時の保険金の受け取りで自分の入っている保険の連絡先がわからないときには生命保険相談所（03-3286-2648）へ問い合わせます。

　自動車も通常の車両保険では、損害保険、生命保険と同様に、地震による被害を受けたときはカバーされません。リスクが大きいため扱っていない保険会社もあります。補償を希望するなら扱っている保険会社を選び地震・噴火・津波危険車両損害担保特約をつけましょう。

MEMO

家屋を補強し、大きな家具を固定しよう

玄関から逃げられるように

　逃げようと思っても玄関が開かない！
　過去の地震ではそのような経験をした被災者がいました。マンションなどの集合住宅の場合、上層階になればなるほどベランダからの避難は困難になります。最近販売されているマンションでは耐震ドアが設置されているケースが多いですが、そうでなければ、ドアの変形を防ぐ耐震緩衝装置が市販されているので、取り付けておくと安心です（実際の取り付けは工務店などが実施する場合が多い）。特に高齢者世帯の場合、玄関からの避難対策は重要です。
　また、火災による逃げ遅れを防ぐためにも、災害時に火が出ない工夫と、万が一火がついても燃え広がらないように、じゅうたん、布団、カーテンなどに防炎加工製品を取り入れるようにしましょう。

ドアがゆがんで開かない！

3 地震に備える

家屋の診断、補強工事への公的補助

　地方自治体を中心に、家屋の診断や補強工事への補助制度があります。老朽化した家屋や高齢者世帯への補助が中心になっている自治体も多いようです。相談してみるといいでしょう。

良い家具選びのチェックポイント

　耐震性の高い建物であっても、室内の被害で負傷しては意味がありません。被害を軽減するために家具の選び方から考えてみましょう。
◎上下二段に分かれていない
◎奥行きが浅いなど不安定でない
◎つくり付け家具のように、天井までの隙間がない
◎キャスターがついていない
◎戸や扉にガラスが使われていない
◎開き扉・引き出しに耐震ロックが採用されている
◎照明器具は吊り下げ式でなく、天井に取り付けるタイプ

　照明器具・花瓶・写真たて・雑貨を選ぶ際にも、重くて割れやすい素材を避け、和紙・布製・革製・アクリル製品など軽くて、落ちても壊れにくいものを選ぶようにしましょう。

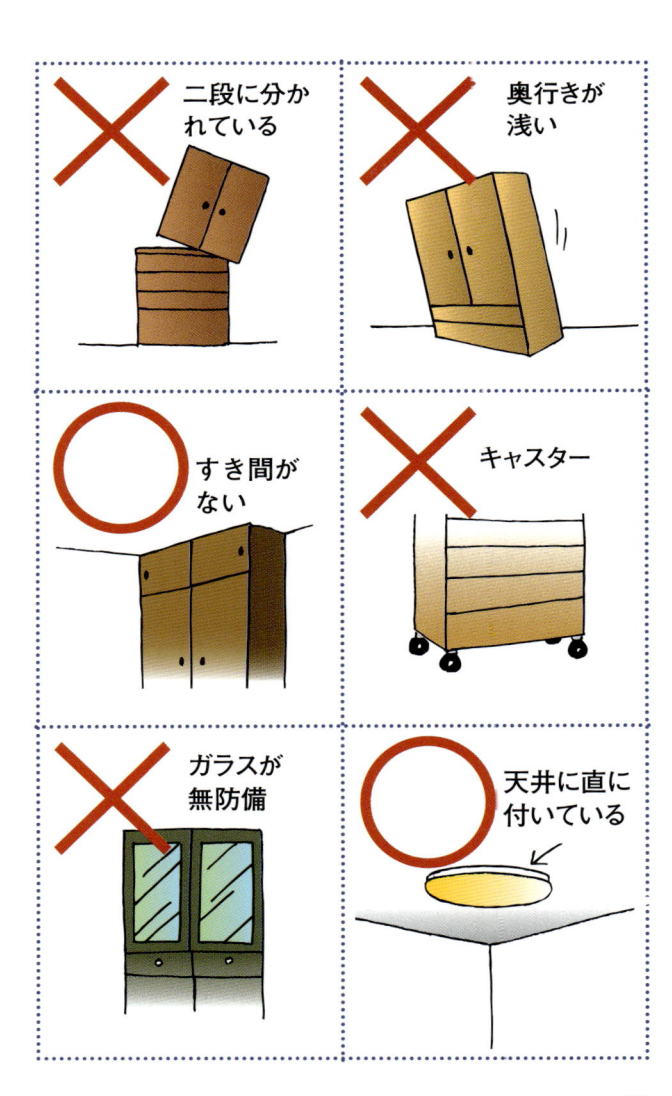

❌ 二段に分かれている	❌ 奥行きが浅い
⭕ すき間がない	❌ キャスター
❌ ガラスが無防備	⭕ 天井に直に付いている

3 地震に備える

家具を固定する際のチェックポイント

　二段重ねの家具は上下のつなぎを金具でしっかり連結します。(テレビをテレビ台に載せている場合も同じように専用バンドでテレビと台を固定します)。

◎重量の重い家具は金具で留める、天井までの隙間を埋める耐震収納ラック等で固定します。集合住宅の中層・上層階に居住している場合は、金具留めでなく施工業者や工務店等に依頼して家具の裏面を壁に固定する方法をお勧めします。

◎テレビは床とテレビ台の間に耐震ジェルマットを敷き、チェーン・ワイヤー・ベルトなどで壁に固定します。

◎冷蔵庫は専用の転倒防止ベルトを用いて壁に固定します。

◎サイドボード・食器棚・窓のガラスが強化ガラスでない場合には飛散防止フィルムを貼ります。

飛散防止フィルム

◎脚にキャスターがついている重い家具は、揺れで勢いづきながら移動しぶつかることで人や壁に強い衝撃を与える危険があります。できるだけキャスターを取り外して、家具の底部が直接床に接した状況で固定します。

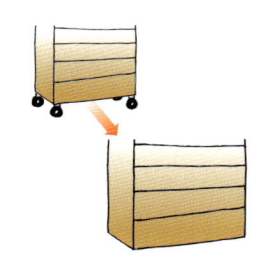

◎扉や引き出しに耐震ロックを取り付けるようにしましょう（後付も可能）。冷蔵庫や食品庫の中身が飛び出し、液体が床にこぼれ、滑って転倒するのを防止できます。

◎食器棚にはすべり止めシートを敷き食器をシートの上に並べると飛び出しにくくなります。

◎吊り下げ式の照明器具はチェーンやワイヤーを使用して天井面に固定します。

すべり止めシート

◎つっぱり棒……壁に釘を打ち付けられない場合に重宝します。長期間放っておくとゆるんでしまうので、月に一回程度はしっかりと締め直します。家具の上部がベニヤ板などで弱い構造の場合、板を一枚渡すとよいでしょう。ただし、集合住宅の中・高層階には不向きです。

家具を配置する際のチェックポイント

◎背が高く、奥行きの浅い本棚はもっとも倒れやすい家具なので重いものを下段に入れ重心を低くして倒れにくくします。

◎出入り口や避難動線上に家具をおかないようにします。

◎寝室にある家具はベッドや布団と並列して配置します。

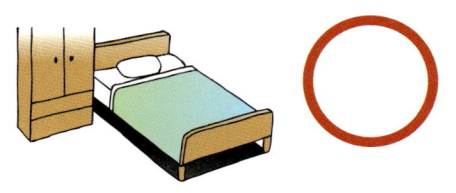

◎エアコンや額縁が落ちてこない位置に枕をおきます。

◎可能ならば、たんす部屋をつくり、家具をまとめて置くようにします。
◎家具の上には物を置かないようにします。

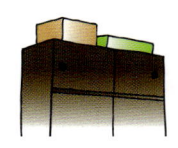

◎水槽やガラスの棚など割れやすい物はなるべく置かないようにします。
◎玄関付近の自転車・傘たて・ゴルフバッグは、避難の邪魔にならない場所におきます。

◎鍋やフライパンなどの調理器具は、衝撃で飛ぶ可能性が高いので流しの下に収納します。

持ち出し品のつくりかた

　非常時に必要な備えとは──。備える物、備蓄方法、場所について考えてみましょう。非常持ち出し品には、メガネやいつも飲んでいる薬、母子健康手帳、お薬手帳など失うと困るものから優先し、すぐに取り出せる場所に置いておきます。しまいこんで忘れてしまったり、賞味期限がきれていたり、肝心な時に取り出せないのでは困ります。できるだけ、避難口や避難経路上に設置しましょう。また、持ち運ぶ際の自分の体力を考えた「重さ」にしておくことも大切です。

携帯電話も防災用品！

　身近にある携帯電話は、災害時の防災用品として活用できます。通信手段に加え、テレビやラジオの機能があれば情報収集、暗闇を照らすライト、着信音や目覚まし時計機能でホイッスル代わりにもなります。大事なことを忘れないためのメモ、ボイスレコーダー機能、万一閉じ込められたときにも保存画像や映像で家族や友人の姿を見れば勇気づけられます。

持ち出し品はセットで買わない

　非常持ち出し品を入れるバッグには、登山用の肩や腰に負担のないリュック、キャリーケース、家族を介助する必要があるなら防災ベストなど様々な種類があります。中身についても住居の形態や家族構成、災害時における地域の危険度によって揃えるものは異なります。市販のセットを購入しても不必要なもの、不足するもの、条件にそぐわないものが多ければ非常時の信頼度・活用価値が下がります。近年防災グッズは防災期間に限らず、常時ホームセンターなどで販売しています。バラエティに富んだ品揃えがあり、見ていて楽しいものです。セットで買わず必要なものだけを揃えたオリジナルの持ち出し品を作りましょう。

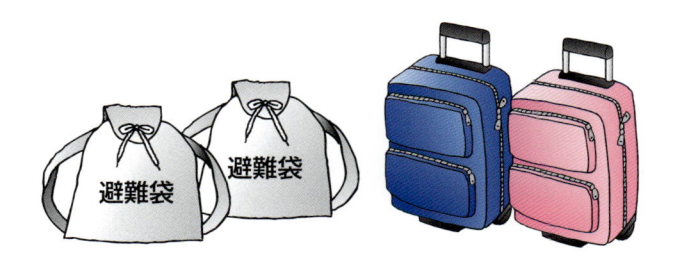

リスク分散で
いろいろなところに置いておく

　持ち出し品はあれもこれもと揃えると非常に重くなります。必要なときに必要なものだけ持ち出せるよう、時系列に「どの時点で何が必要なのか」を整理して考えてみましょう。いつでもカバンのなかに入れておく携帯防災グッズの他に、自宅に置く持ち出し品については、一刻を争うとき最低限持ち出す1次品、少し落ち着いてから取りに戻る3日分の備えなどの2次品、避難生活が長期化したときに必要になる3次品に分けて備えます。保管場所も室内、外の物置、車のトランクと分散しておくことで確実に使用できる割合が高くなります。

水の備蓄アイデア

　飲料水の備蓄は大切でも、賞味期限が切れるたびに取り替えるのは大変です。白神山地の水の会（http://www.shirakami-fujisato.com/index.html）では、会員特別価格で水を届けるというシステムを全国展開しています。入会特典として災害備蓄用に毎年１回無料で白神山水（２リットルボトル６本入りセット×２ケース）が届けられます。

　近年ウォーターサーバーを利用した水の宅配も人気です。冷水と温水がレバーを押すだけで出る便利なサーバーは、上部に大きなタンクが設置されています。常に大量の水が確保されているので、災害時にも安心です。

心を癒すものも忘れずに

　人間は顔や歯が汚れているとストレスがたまり心もすさんでいくので、頭皮や体を清潔にする水のいらないシャンプー、ふき取りタイプのからだふき・歯みがきを用意しておきましょう。さらに、傷ついた心を穏やかにするために写真・音楽・本・アロマオイルなどお気に入りのものを非常持ち出し品に加えておきましょう。小さな子どもやペットがいる家庭では、お気に入りのおもちゃやぬいぐるみ、毛布などを持たせてあげるとよいでしょう。慣れ親しんだものが近くにあると心の安定に役立ちます。

　高齢者の方は日ごろの備えとして、自分の体質や状態に応じためがね・入れ歯・杖・補聴器・冷え対策用品など生活に必要なもの、疾病に合った持病の薬などを、すぐにまとめて持ち出せるよう、いつも身近においておきましょう。とくに、持病の薬は災害直後は入手が困難になるので２、３日分の余裕をもって保管しましょう。普段どのような薬を服用しているのか、かかりつけ医でなくてもわかるように「お薬手帳」も一緒に持ち歩くとよいでしょう。国民健康保険証、老人保健法医療受給者証、介護保険証などは大震災時に紛失してしまうと再発行に時間がかかるので、必ず非常持ち出し品として用意しておきましょう。日頃から、かかりつけの医療機関の診察券などと合わせて、保険

証カバーなど、一つのファイルにまとめておき、非常持ち出し品の袋に入れておけば、すぐに持ち出すことができます。

アウトドアグッズも防災用品になる

　災害用品とアウトドアグッズを分ける必要はありません。アウトドアグッズをレジャーの時だけに使うのではなく、持ち出し品の3次品として災害時にも活用することを考えてみましょう。アウトドアグッズは携帯しやすくコンパクトで軽量です。野外活動で使用するため丈夫で安全性が高く、優れた機能をもつものが多く災害時にも適しています。災害時には説明書や注意事項を読んでいる暇はありません。普段から使い勝手をよく知っているものこそ災害時に生かせます。

100円ショップでそろえる

　身近にある100円ショップには、防災の視点に立つと役立つものがたくさんあります。

◎玄関マット滑り止めシートを食器棚や飾り棚などの棚板に敷くと、ガラスや陶製の食器、置物など割れやすいもののすべり落ち防止に。

◎本棚の両端にヒートン（？の形をしたネジ）をねじ込み、自転車の荷ゴムをかけると本の飛び出し防止に。

◎自転車カゴのひったくり防止ネットを飾り棚の四方に取り付けると、中身の飛び出し防止に。

◎転倒防止材……木片をタンスや本棚のような重い家具の下にかませ、転倒防止に。

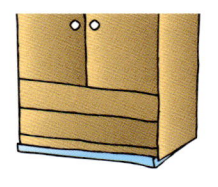

◎扉ストッパー（耐震ロック・ラッチ）……キッチンの吊り戸棚や食器棚など、開き戸防止に。

◎電池式の押すだけで明かりがつくタッチライトは、玄関やトイレなど明かりを必要とするところに置くと懐中電灯がわりに。

◎階段の踏み板に、暗闇で光るテープを貼ることで転落防止に。平常時にも電気のスイッチの場所がわかるように貼ると重宝します。

◎このほか100円ショップで揃えられる非常持ち出し品（68ページ参照）を買い揃えておきましょう。

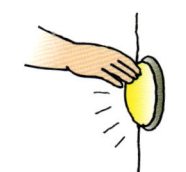

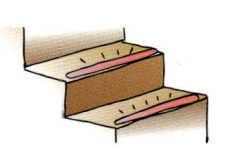

家財リスト

　大地震ですべてを失った後で家財を思い出すのは困難です。高額品は購入時にリストに記入しておくと、漏れもなく安心です（72ページ参照）。

　家財保険の場合、このリストがあると補償が受けやすくなります。

非常持ち出し品リスト

100円ショップで買える非常持ち出し品リスト

- ☐ 救急絆創膏
- ☑ 包帯
- ☑ ガーゼなどの応急手当用品
- ☐ 綿棒
- ☐ 生理用品
- ☑ マスク
- ☑ 軍手
- ☐ タオル
- ☐ 着替え(下着含む)
- ☑ 体拭きウエットタオル
- ☑ ティッシュ
- ☑ 懐中電灯
- ☐ 電池
- ☐ 衣類圧縮袋
- ☐ 給水袋
- ☑ レジャーシート
- ☑ 保温シート
- ☐ せっけん
- ☐ ビニール袋
- ☐ 携帯充電器
- ☐ ろうそく
- ☐ マッチ
- ☐ 笛
- ☐ ウエットティッシュ
- ☐ 食品包装用ラップフィルム
  (紙皿の上に敷くなどの工夫ができます)
- ☐ 黒色のポリ袋(ゴミ袋以外にも排泄後の
  エチケットパックとして活用できます)
- ☑ 携帯用ミニトイレ
- ☐ 尿吸収安心パッド

- ☐ 赤ちゃんのお尻ふき
- ☐ 紙おむつ
- ☐ 冷却シート(発熱時、
- ☐ 使い捨てカイロ
- ☐ バンダナ(マスク、マ
  帽子、包帯等にも活用
- ☐ レインコート(大人用
- ☐ 食品(缶詰、レトルト
- ☐ プラスチック製のスプ
- ☐ 紙皿
- ☐ 紙コップ
- ☐ 基礎化粧品
  (女性やこどもの肌を清
- ☐ ガムテープ
- ☐ 筆記用具(メモ帳や筆

その他の非常持ち出し品リスト

	☐ ラジオ
	☐ ヘルメット
暑い時に)	☐ 手袋
	☐ 給水袋
フラー、アイマスク、できます)	☐ 食料
	☐ 水（飲料と生活用水）
子ども用あり)	☐ 持病の薬
食品など)	☐ 生活必需品（メガネ・入れ歯・杖など）
ーン、フォーク	☐ 貴重品
	☐ 国民健康保険証
	☐ お薬手帳
	☐ 簡易トイレ
潔に保つために)	☐ トイレットペーパー
	☐ 心を癒すもの
記具など)	☐ 蚊取り用品
	☐ ブルーシート
	☐ その他（家族・ペットに必要なもの） 　例：老人保健法医療受給者証・介護保険証
	☐
	☐
	☐
	☐
	☐
	☐
	☐
	☐
	☐
	☐
	☐
	☐

家族の防災メモ

家族の一覧

氏名		
続柄		
携帯電話番号		
メールアドレス		
職場名・学校名		
電話番号		
生年月日・年齢	年　月　日　　歳	年　月　日　　歳
性別・血液型	男／女　RH±　　型	男／女　RH±　　型
身長・体重	cm　　　　kg	cm　　　　kg
かかりつけの病院		
電話番号		
疾病歴・アレルギー等		
常備薬		
生命保険会社名・番号		
損害保険会社名・番号		
健康保険番号		
社会保険番号		
備考		

家族の避難場所

家族の一時集合場所

家族の(広域)避難場所

家族の避難所

親戚・知人連絡先

氏　名

電話番号

携帯電話番号

氏　名

電話番号

携帯電話番号

家族の覚え書きは救助や避難の際に役立ちます。
コピーして家族全員が保管しておきましょう。

付録　家族の防災メモ

記入日：　　年　　月　　日現在

年　月　日　歳	年　月　日　歳	年　月　日　歳
男／女　RH±　　型	男／女　RH±　　型	男／女　RH±　　型
cm　　　kg	cm　　　kg	cm　　　kg

氏　名
電話番号
携帯電話番号

氏　名
電話番号
携帯電話番号

氏　名
電話番号
携帯電話番号

氏　名
電話番号
携帯電話番号

※この用紙をコピーしてご利用ください。

家財リスト

種 類	内　容 / 購入日	購入時金額 / 購入店舗
家具・家電	例:テレビ / 2007/3/20	¥240,000 / ○○電気
	例:冷蔵庫 / 2004/3/20	¥180,000 / ○○ホームセンター
	／　／	¥
	／　／	¥
自動車	例:エスティマ / 2006/8/1	¥3,000,000 / ○○自動車
	／　／	¥
書　籍	／　／	¥
	／　／	¥
骨　董	例:掛け軸 / 　／　／	¥700,000 / ○○骨董
	／　／	¥
美　術	／　／	¥
	／　／	¥
呉　服	／　／	¥
	／　／	¥
衣　服	例:毛皮 / 2003/10/30	¥750,000 / ○○百貨店
	／　／	¥
装　飾	例:ダイヤの指輪 / 2008/2/1	¥1,250,000 / ○○宝石
	／　／	¥
	／　／	¥
	／　／	¥

ユニークな防災用品

商品名：カロリーメイト ロングライフ

- **一般名称**：栄養バランスの取れた非常食
- **メーカー or 総代理店名**：大塚製薬株式会社
- **電話番号**：0120-550708　お客様相談室へ
- **URL**：http://www.otsuka.co.jp/cmt/lineup/longlife.html

商品名：防災キッズメット

- **一般名称**：子供用防災ヘルメット
- **メーカー or 総代理店名**：株式会社谷沢製作所
- **電話番号**：03-3552-8324
- **URL**：http://www.tanizawa.co.jp/

商品名：ケスジャン

- **一般名称**：住宅用自動消火装置
- **メーカー or 総代理店名**：エース21グループ株式会社
- **電話番号**：03-5282-0021
- **URL**：http://www.ace21group.com/

商品名：投げ消すサット119

- **一般名称**：投げる消火用具
- **メーカー or 総代理店名**：株式会社ボネックス
- **電話番号**：03-5213-9119
- **URL**：http://www.bonex.co.jp

商品名：耐久テント

- **一般名称**：丈夫で耐久性のあるテント
- **メーカー or 総代理店名**：有限会社エミリア
- **電話番号**：0120-6-99922
- **URL**：http://www.emiliacom.jp/

付録　家財リスト／ユニークな防災用品

商品名：アルファ米

一般名称：便利で美味しい非常食
メーカー or 総代理店名：尾西食品株式会社
電話番号：03-3452-4020
URL：http://www.onisifoods.co.jp/

商品名：つかまりん棒＆押入れ型シェルター

一般名称：耐震シェルター
メーカー or 総代理店名：株式会社ムネオ・エス・エス・エックス
電話番号：03-3824-5811
URL：http://www.muneossx.com/

商品名：防炎剤ＴＳ－1000

一般名称：スプレー式防炎剤
メーカー or 総代理店名：有限会社FAST
電話番号：0465-32-4090
URL：http://www.fast-web.co.jp/

商品名：消火フラワー

一般名称：一般家庭用消火具（※天ぷら油火災専用）
メーカー or 総代理店名：株式会社モリタ
電話番号：03-5777-5088
URL：http://morita119-netshop.com/

商品名：メデタンク

一般名称：災害時用飲料水長期保存容器
メーカー or 総代理店名：株式会社トライ・カンパニー
電話番号：055-920-7111
URL：http://www.trycompany.co.jp/products/m_tnk.html

商品名：ルモマコンセント

一般名称：電気火災防止器具
メーカー or 総代理店名：株式会社ルモマ
電話番号：059-229-2366
URL：http://www.rumoma-chubu.com/

商品名：ライフバッグ（人間にも役立つ避難グッズ14点セット）

一般名称：ペット避難用バッグ（通常使用可）
メーカー or 総代理店名：サイデリアル有限会社
電話番号：03-3493-6747
URL：http://oya-gokoro.com/

商品名：タックフィット／スーパータックフィット

一般名称：家具固定用粘着シート（転倒防止マット）
メーカー or 総代理店名：北川工業株式会社
電話番号：名古屋本社 052-261-5522　東京 03-3241-1381
URL：http://www.kitagawa-ind.com/kitarior/product/quake.html

商品名：あめん坊一

一般名称：雨水利用タンク
メーカー or 総代理店名：プラスアルファ工房
電話番号：092-282-3375
URL：http://www.p-alpha.com/

商品名：ペット防災セット

一般名称：ペット防災セット
メーカー or 総代理店名：株式会社ロゴスコーポレーション
電話番号：06-6681-8204
URL：http://www.logos-co.com/WebCatalog.asp?pProductCode=88000500

付録　ユニークな防災用品

商品名：光る手摺り照明

- **一般名称**：照明付き手摺り
- **メーカー or 総代理店名**：第四電設株式会社
- **電話番号**：0258-46-7084
- **URL**：http://www.daiyon-wave.co.jp/

商品名：防災ベスト

- **一般名称**：非常持ち出しベスト
- **メーカー or 総代理店名**：株式会社危機管理教育研究所
- **電話番号**：045-848-1311
- **URL**：http://www.kunizakinobue.com/syohin/

商品名：帰宅困難者対応ポーチ

- **一般名称**：非常用携帯ポーチ
- **メーカー or 総代理店名**：株式会社危機管理教育研究所
- **電話番号**：045-848-1311
- **URL**：http://www.kunizakinobue.com/syohin/

商品名：レスキューフーズ

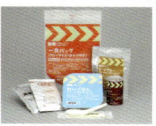

- **一般名称**：火なし、水なしで温かい非常食
- **メーカー or 総代理店名**：ホリカフーズ株式会社
- **電話番号**：025-794-5536
- **URL**：http://www.foricafoods.co.jp/

商品名：スーパーフレーム「やすらぎ」

- **一般名称**：部屋単位の耐震リフォーム
- **メーカー or 総代理店名**：有限会社ドゥーイング・リ・ハウス
- **電話番号**：046-894-1515　**URL**：http://www.arsul.jp/doing/

商品名：バンガード

- **一般名称**：蛍光灯飛散防止システム
- **メーカー or 総代理店名**：株式会社中川ケミカル
- **電話番号**：03-6386-3834　**URL**：http://www.cs-nakagawa.com/

防災関係機関・施設

- 内閣府　防災情報ページ　　　http://www.bousai.go.jp/
- 国土交通省　防災情報提供センター
  　　　　　　　　　　　　http://www.bosaijoho.go.jp/
- 総務省消防庁　　　　　　　　http://www.fdma.go.jp/
- 全国広域災害救急医療情報
  　　　　　　　　http://www.qq.emis.or.jp/index.html
- 北海道電力　　　　　　　　　　011・251・1111
- 東北電力　　　　　　　　　　　022・225・2111
- 東京電力　　　　　　　　　　　03・3501・8111
- 北陸電力　　　　　　　　　　　076・441・2511
- 中部電力　　　　　　　　　　　052・951・8211
- 関西電力　　　　　　　　　　　06・6441・8821
- 中国電力　　　　　　　　　　　082・241・0211
- 四国電力　　　　　　　　　　　087・821・5061
- 九州電力　　　　　　　　　　　092・761・3031
- 沖縄電力　　　　　　　　　　　098・877・2341
- 社団法人日本ガス協会　　　　　03・3502・0111
- 東京ガス　安全と防災
  　　　　　http://www.tokyo-gas.co.jp/safety/index.html
- 日本道路交通情報センター　　　　　0570・011011
- 東日本高速道路　03・3506・0111　www.e-nexco.co.jp/
- 中日本高速道路　052・222・1620　www.c-nexco.co.jp/
- 西日本高速道路　06・6344・4000　www.w-nexco.co.jp/
- 首都高速道路　　03・3502・7311　www.shutoko.jp/
- 阪神高速道路　06・6252・8121 www.hanshin-exp.co.jp/
- JR東日本（東日本旅客鉄道）
  　　　　　　　　03・5334・1111　www.jreast.co.jp/

- ●JR東海（東海旅客鉄道）
  - 052・564・2476　www.jr-central.co.jp/
- ●JR西日本（西日本旅客鉄道）
  - 06・6375・8929　www.westjr.co.jp/
- ●JR九州（九州旅客鉄道）
  - 092・474・2501　www.jrkyushu.co.jp/
- ●JR北海道（北海道旅客鉄道）
  - 011・700・5800　www.jrhokkaido.co.jp/
- ●JR四国（四国旅客鉄道）
  - 087・825・1622　www.jr-shikoku.co.jp/
- ●郵便貯金関する質問相談　　　　　0120・108420
- ●かんぽ生命に関する質問相談　　　0120・552950
- ●銀行貯蓄についての質問相談　全国銀行協会
  - 03・3216・3761
- ●証券取引に関する質問相談　日本証券業協会
  - 03・3667・8451
- ●生命保険に関する質問相談
  - 生命保険協会生命保険相談所　03・3286・2648
- ●損害保険に関する質問相談　日本損害保険協会
  - 03・3255・1211
- ●NTT東日本　　　　　　　　　　03・5359・5111
- ●NTT西日本（大阪支店）　　　　06・4793・9111

警察　110

- ●警視庁　　　　　　　　　　　　03・3581・4321
- ●神奈川県警　　　　　　　　　　045・211・1212
- ●千葉県警　　　　　　　　　　　043・227・9131

- ●埼玉県警　　　　　048・832・0110
- ●大阪府警　　　　　06・6943・1234
- ●京都府警　　　　　075・451・9111
- ●兵庫県警　　　　　078・341・7441
- ●奈良県警　　　　　0742・23・0110
- ●滋賀県警　　　　　077・522・1231
- ●愛知県警　　　　　052・951・1611
- ●福岡県警　　　　　092・641・4141
- ●宮城県警　　　　　022・221・7171
- ●北海道警　　　　　011・251・0110
- ●静岡県警　　　　　054・271・0110

●消防　119

- ●東京消防庁　　　　　03・3212・2111
- ●横浜市消防局　　　　045・334・6512
- ●さいたま市消防局　　048・833・1231
- ●千葉市消防局　　　　043・202・1611
- ●大阪市消防局　　　　06・6543・0119
- ●京都市消防局　　　　075・231・5311
- ●神戸市消防局　　　　078・333・0119
- ●奈良市消防局　　　　0742・35・1199
- ●大津市消防局　　　　077・522・0119
- ●名古屋市消防局　　　052・972・3504
- ●福岡市消防局　　　　092・725・6600
- ●仙台市消防局　　　　022・234・1111
- ●札幌市消防局　　　　011・215・2010
- ●静岡市消防防災局　　054・255・9710

国崎 信江（くにざき・のぶえ）

横浜市生まれ。危機管理アドバイザー。(株)危機管理教育研究所代表。女性として、母として「子どものいのちを守る」研究を中心に独自の視点で防災・防犯対策を提唱している。講演、執筆、プログラムコーディネイトなどの活動を行う傍ら、内閣府中央防災会議「首都直下地震避難対策等専門調査会委員」、文部科学省「防災分野の研究開発に関する委員会専門委員」、文部科学省「地震調査研究推進本部政策委員会 新しい総合的かつ基本的施策に関する専門委員会専門委員」などを務める。また、NPO国境なき技師団の一員として、海外での防災教育活動なども行っている。現在は講演活動を中心に各メディアでも情報提供を行っている。おもな著書に『地震からわが子を守る防災の本』（リベルタ出版）、『犯罪から子どもを守る50の方法』（ブロンズ新社）、『地震から子どもを守る50の方法』（ブロンズ新社）、『犯罪から身を守る絵事典』（PHP研究所）、『じしんのえほん』（ポプラ社）、『こども地震サバイバルマニュアル』（ポプラ社）などがある。実生活では3人の子どもを持つ母親。
http://www.kunizakinobue.com/

参考文献・資料
『震災から財産を守る本』九天社
『こども地震サバイバルマニュアル』ポプラ社
『地震から子どもを守る50の方法』ブロンズ新社
『地震防災マニュアル —あと5秒でなにができるか—』
　　　　　　　　　　つなぐネットコミュニケーションズ

大地震発生　その時どうする？
サバイバルブック

2008年4月21日　1版　1刷

著　者　国崎信江
©Nobue Kunizaki, 2008
発行者　羽土　力

発行所　**日本経済新聞出版社**
http://www.nikkeibook.com/
東京都千代田区大手町1-9-5 〒100-8066
電話 (03)3270-0251

表紙・扉デザイン・本文DTP／原 晶子(オルケスタ・デ・シエスタ)、イラスト／佐々木ゆたか
印刷・製本／シナノ
ISBN 978-4-532-49032-4

本書の無断複写複製（コピー）は、特定の場合を除き、著作者・出版社の権利侵害となります。

Printed in Japan
読後のご感想を弊社ホームページにお寄せください。
http://www.nikkeibook.com/bookdirect/kansou.html